65歳からのひとりを楽しむ「いい加減」おつき合い

和田秀樹

Wada

PHP

プロローグ

これからの高齢期を、楽しく心地よく過ごしていきたい。そう思うとき、問題となるのが「人づき合い」です。

人づき合いで、気を遣いすぎてストレスをためる。

気が合わない人とのつき合いに苦慮《くりょ》する。

人づき合いが少なくて、「孤独な老後」という言葉が浮かび、不安になる。

何歳になっても、そして、あってもなくても、悩みの種になるもの。それが人づき合いではないでしょうか。


そこでお伝えしたいのが、年齢を重ねたからこそ可能になる、心地よい人づ

き合いのしかたがあるということです。

たとえば「遠慮をやめる」というのも、そのひとつです。

相手に言いたいことを言えない。相手に頼みごとができない。自分の気持ちよりも相手の意向を優先する。

相手に嫌われたくないという思いから、そんなふうに遠慮する人は多いのですが、遠慮は人との関係を遠くすることはあっても、近づけることはありません。

遠慮していれば、たしかに嫌われることはあまりないかもしれませんが、それによって好かれるかといえば疑問です。

相手にとって「都合のいい存在」と見なされて、その意味で好感を持たれるということはあるかもしれません。しかし相手から一方的に利用されるだけの関係になるとしたら、それは自分にとって心地よいつき合いとは言えないはずです。

もちろん、遠慮せざるを得ない場面というものもあります。たとえば相手が仕事の関係者や、子育てで関わりのある人など、利害関係のある相手であれば、遠慮しないことで不利益が生じることもあります。

しかし、60代半ばともなれば、そのような場面はかなり少なくなっているはずです。それなのに、やたらと遠慮して人とつき合っているのは、おかしなことだと思います。

嫌われてもいいと思って、遠慮をやめる。そうすることで、遠慮しなければ成り立たないようなつき合いは消え、自分にとって本当に大事な人とだけつき合えるようになります。

また、遠慮せずに人に話しかけることで、新たに親しくできる人とも出会いやすくなります。結果的に、人間関係が豊かになるのです。

自分にとってストレスになる人間関係を、無理に続ける必要はありません。その人と一緒にいて楽しいとか、心が安らぐ、何でも話し合えると思えない相手と、ただ「ひとりになるのが怖いから」というだけで一緒にいるのだとすれば、意味がありません。

ひとりになることを怖れない。それもまた、心地よい人づき合いのための大事なポイントです。

人づき合いは、孤独になる不安をなくすためのものではなく、人生をより豊かに楽しむためのものです。また、ひとりを楽しむことができれば、誰かと一緒にいる時間も、より楽しいものになります。

65歳がシニアの入り口だとすれば、多くの人はそこから20年、あるいは30年もの時間を、少しずつ衰えていく心身とともに歩んでいくことになります。

ここからは、**人づき合いに限らず、何をするにしても、自分自身にとって気分がいいかどうか、ラクであるかを基準に判断したほうがいいと思います。**

これまでの道のりでは、家庭で、仕事で、そして人間関係で、何かにつけて我慢してきた人も多いと思います。でも、もう我慢する必要はありません。

以前は、我慢すればその分、いつか何かの見返りがあると思うことができたかもしれません。でも、この先には、その「いつか」を待てるほどの時間は残されていません。

ただ我慢するだけで終わってしまうとしたら、その時間と労力がもったいないと思います。これからは、自分自身が楽しむために、それらを使っていきたいところです。

他人や世間の目を気にするのも、そろそろやめていいタイミングです。もっと自由に、自分のやりたいことを楽しむ。これからの時間は、そのためにあります。

私は老年精神科医として、これまで6000人以上の高齢者を診《み》てきました。そこで強く感じたことのひとつは、**たとえ若い頃にうまくいっていても、歳をとってから幸せでなければ、結局は不幸だということです。**

健康寿命が延び、趣味に、仕事に、人との交流にと、シニア世代の女性が充実した時間を過ごすための選択肢が増えているいま、歳をとるほど幸せになるのは、非現実的なことではありません。

そのために必要なのは、いままでとは少し意識を変えることだけです。

もっと人づき合いを、そしてこれからの人生を「いい加減」に楽しむ。そのためのヒントを、この本の中でみなさんにお伝えしていけたらと思っています。

『65歳からのひとりを楽しむ「いい加減」おつき合い』　目次

第1章

遠慮をやめれば人間関係は「ちょうどいい加減」になる

第2章

65歳からは「自分がラクで心地よい」が最優先

第3章 つかず離れずが「いい加減」

第4章

縁は切った分だけ足せばいい

第5章

最後まで自分の「いい加減」で生きよう

第1章

遠慮をやめれば
人間関係は「ちょうどいい加減」になる

「嫌われたくない」はもういらない

人に嫌われたくない。そう思っていると、自分が他人にどう思われているかが絶えず気になります。

しかし、人の目を気にするのは、多くの場合「独《ひと》り相撲」です。

まず、見ず知らずの人には、どう思われたとしても、基本的に実害はありません。


人に迷惑をかけるようなことをしていない限り、赤の他人にどう思われたと

しても、自分には何の関わりもないことです。

会社勤めをしている人が社内の人の目を気にする、あるいは子育て中の人がママ友の目を気にする、というのはわかります。

たとえば、羽目を外して遊んでいるところを同僚やママ友に見られて、よからぬ評判を立てられたら、場合によっては仕事に支障が出たり、ママ友の集まりに参加しづらくなったりするでしょう。

何らかの利害関係がある相手であれば、その目をある程度は気にせざるを得ません。

ところが、会社を定年退職したり、子どもが独立したりして、すでに実質的な利害関係がなくなったあとも、元同僚や元上司、かつてのママ友といった人の目を気にし続ける人が少なくないのは、やや奇妙に感じられます。

老年精神科医として、アンチエイジングに関する提言を行っている立場から言えば、そんなふうに人目を気にしていると、結局損をすることになります。

「年甲斐もない」などと他人に思われることを気にせず、興味や関心があるのだったら多少派手な服を着たり、美容に力を入れたり、思い切った髪色に染めてみたりするほうが、むしろ若返って、残りの人生をより楽しめるようになることが多いからです。


また、嫌われたくないと思うことで、人づき合いが窮屈《きゅうくつ》になることもあります。

「今度の集まりで行きたいお店を提案したら、図々しいと思われるかしら」

「あのお礼の電話は、もっと早くかけたほうがよかったかな」

こんなふうに、四六時中、相手に気を遣う人がいます。

しかし、人が誰かに嫌われるとしたら、それはたいていの場合、相手に気を遣っていないからではなく、相手の「地雷を踏む」、つまり、相手が気にしていることをうっかり口にしてしまうなど、「言ってはいけないこと」を言うからです。

多少、気を遣わなかった程度の「どうでもいいこと」で、人が人を嫌うことはまずありません。地雷さえ踏まなければ嫌われることはない。そう思えば、もっと人とフランクにつき合えるのではないでしょうか。

また、気を遣いがちな人ほど、上下関係に敏感な人が多いという印象があります。自分より上か、少なくとも同格と思う相手には過剰なほど気を遣う一方で、自分より下と見なす相手には、無意識のうちに尊大な態度をとっていて、それが嫌われる要因になっている可能性もあります。

みんなに好かれようと思うと、人づき合いはしんどくなります。嫌われても問題のない相手はいくらでもいます。一方で、この人にだけは嫌われてはいけないという相手もいます。

あなたにとって、本当に大事な相手にさえ嫌われなければ、人に嫌われることを怖れる必要はないのです。

「いい加減」MEMO

他人にどう思われても不都合はない

本当に大事にしたい人間関係を見極める

では、あなたにとって本当に大事な相手とは、誰でしょうか。

親子やきょうだい、夫婦など、近しい関係の相手が一番大事、と考える人は多いと思いますが、それは思い込みの可能性があります。そして、その思い込みによって、不自由になっていることが少なくありません。

たとえば、子どもが一番大事だと思っていると、子どもに嫌われたくないからと、自分のやりたいことを我慢してしまうことがあります。

こんな例を考えてみてください。夫に先立たれて寂《さび》しい思いをしている女性が、行きつけのお店で知り合った男性と仲よくなり、再婚を考えるようになったとします。

この女性に財産がある場合、その子どもたちは、ほぼ間違いなく相手の男性が財産目当てだと考えて、再婚に反対するでしょう。そこで本人はたいてい、再婚をあきらめてしまいます。

しかし、たとえ財産目当てであったとしても、日本の法律上、その女性が最《さい》期《ご》を迎えるまで伴侶として添《そ》い続けなければ、相手の男性は遺産を手にすることができません。一方で、再婚に反対した子どもがその後、母親を手厚くケアしてくれるとも限りません。

だとすれば、子どもに嫌われることを怖れるより、自分を幸せにしてくれそうな人、一緒にいて心地がいい相手とつき合うことを選ぶほうがいいと言えるのではないでしょうか。

本当に大事な人間関係とは、肉親や夫婦とは限りません。

私は職業柄、多くの高齢者を見てきているので、親の遺産相続できょうだいが壮絶に争うケースや、親の介護のために自分の生活を犠牲にして、結果的にほかの人間関係を失うケースなどもよく見ています。子どもが独立したあと、夫婦で顔をつき合わせる暮らしになり、相手にうんざりしながら我慢している人も少なくありません。

自分と本当に気が合う人。この人は心の支えだと感じられて、互いに愛情を持ち、一緒にいると心が安らぎ、何でも打ち明けられる人。それが自分にとって大事な人なのであって、親や子や配偶者だから大事というわけではないのです。

そこの峻別《しゅんべつ》をしっかり行い、自分にとって本当に大切な人間関係を見極める必要があると思います。

嫌われたくないからと相手に遠慮しているのであれば、その相手は、本当の意味で自分をわかってくれていると言えるでしょうか。

少なくとも、遠慮しなければ成り立たない関係なのであれば、夫婦であろうが、親友であろうが、その時点で「いい関係」とは言えないと思います。

「いい加減」MEMO

気が合う人とは、一緒にいて心安らぐ人

頼ってみることが人間関係のリトマス試験紙

たとえば、あなたがお金に困る事態になったとして、まわりの人に「お金を貸してほしい」と頼むのは、かなり抵抗があると思います。

自分の恥をさらすことになるばかりでなく、相手に迷惑がられて気まずくなる可能性も高く、絶縁される覚悟さえ必要になるでしょう。

それでも頼むしかないというとき、思い切って相談した友人が手を差し伸べてくれたとしたら、その人こそ本当の親友だと実感するのではないでしょうか。

本当に困っているとき、遠慮せず人に頼ってみると、自分にとって大事な関係が浮き彫りになります。

人間関係で重要な原則のひとつは、「他人の心はわからない」ということです。

親子や夫婦であっても、相手がどう思っているか、本当のところはわかりません。それをわかった気になるほうが、よほど危ういと思います。

相手の心はわからない。でも、自分が何らかのアクションを起こせば、それに対する相手の反応は確実にわかります。

お金を貸してほしいと頼めば、相手から何かしらの反応が返ってきます。率直に「自分もお金がないから貸せない」と言う人もいれば、明らかにお金をたくさん持っているのに、にべもなく断る人もいるでしょう。

一方で、お金がないなりに、可能な限りの金額を貸してくれる人もいます。中には、よそから借りてまで用立ててくれる人もいるかもしれません。

自分の弱いところをさらけ出し、相手にとっては負担になるかもしれない相談をしたとき、親身になってくれるかどうかで、相手が本当に自分のことを考えてくれている人なのかがわかります。

もちろん、相手に頼った結果、拒絶され、関係を切られることもあると思います。そうなったとすれば、もともとその程度の関係だったということです。

多少、人間関係が減るリスクがあるとしても、それを怖れずに、素直に人に頼っていいと思います。それで相手が思ったほどこちらのことを考えていないとか、損得勘定だけでつき合っていたのだとわかれば、こちらから関係を見直せばいいことです。

むしろ、頼ってみたときに「やっぱりこの人はいい人だった」と、あらためて思えるような人でなければ、わざわざつき合う意味があるのか疑問です。

遠慮せずに頼ることは、自分にとって大事な関係を見極めるための、重要なリトマス試験紙になります。

それによって、本当に大事にしたい相手がわかると同時に、切れていい関係は切れます。結果的に、人間関係が自分にとって「ちょうどいい加減」に整うのです。

「いい加減」MEMO

どんなに親しくても、相手の心はわからない

遠慮しなくていいのが「いい関係」

人間関係というものを、重くとらえすぎない。とくに歳を重ねてからは、それが基本です。

話していて気疲れする相手、自分が合わせなければいけない相手、言いたいことが言えない相手とつき合う必要はありません。それは歳を重ねたからこその特権です。

一方で、遠慮せずに話しかけたり、頼ったりしてみると、好ましい反応を返してくれる人もいます。そういう人とだけつき合えばいいのです。

それこそお金の相談をしたり、悩みごとを打ち明けたりしたとき、相手にすごく冷たい反応をされたら、「こんなに冷たくされるなんて」「あの人を信用して損をした」などと、嘆《なげ》いたり憤慨《ふんがい》したりするのではなく、「あの人がどういう人かわかってよかった」と思うようにしたほうがいいでしょう。

「こんなことを言ったら嫌われる」と遠慮する必要はありません。言ってみて嫌われたら、その人とはつき合わなければいいだけの話です。言ってみても嫌われず、相手とわかり合うことができたら、関係がよりよいものになります。

相手から会いたいと誘われたとき、あまり気が乗らないのであれば、断っていいと思います。

私もここ最近は仕事が忙しくなったこともあり、人からの誘いを断らざるを得ないことが多くなりました。それで切れてしまう関係もあり、結果として人間関係がかなり整理されました。

切れてもいい人間関係は切っていい。一方で、この人には先約を断ってでも会おうと思う相手もいます。その優先順位は、相手の社会的地位などではなく、会っていて自分が本当に心地いいかどうかで決まります。

歳を重ねてからの人づき合いのポイントは、「ラクであること」。

この人と話しているとラク、一緒にいてラク、互いに遠慮しなくていい。それが望ましい関係です。

「いい加減」MEMO

気が乗らなければ断る

「好きでも嫌いでもない」くらいがちょうどいい

いま、あなたのまわりにいる人、関わりのある人を、試しに思い浮かべてみてください。

好きだと思う人もいれば、苦手な人もいるでしょう。でも、かなりの割合を占めるのは「好きでも嫌いでもない人」ではないでしょうか。

そのような人とのつき合いでは、とくに悩むことはないはずです。何か用事があって関わるにしても、用事は淡々とスムーズに済みますし、相手の存在に感情が乱されることもありません。

つまり、相手に対して、心理的に「いい加減」な距離が保たれているのです。

しかし、家族など身近な関係では、なかなかそうはいきません。相手と物理的にも心理的にも距離が近いだけに、「どうしてわかってくれないの」「あなたのためを思って言っているのに」などと不満を抱き、そうした感情的な言葉を相手にぶつけてしまうことにもなりがちです。

ウェットな人間関係は、それだけストレスも多くなります。好きでも嫌いでもない相手に対しては、干渉することもなく、過度な期待もしません。それくらい割り切った、ドライと言えるくらいの関係は、とてもラクです。

相手が自分の望むような振る舞いをしてくれなくても、腹を立てたり、失望したりすることもありません。相手に対して感情的にならずに済むので、ぶつかることもなく、結果的に良好な関係が長く続きます。

近所づき合いでも、趣味の集まりでも、茶飲み仲間との交流でも、好きな相手にグイグイ近づいたり、反対に嫌いな相手を避けようとしたりする必要はありません。

どの人にも「好きでも嫌いでもない人」に対するように、その場での関わりがうまくいけばいいという割り切りを持つことで、たいていの人と「ちょうどいい距離」を保つことができます。

そういう関係を冷たいとか、味気ないなどと、ネガティブにとらえないようにしたいところです。ウェットな関係で互いに息苦しくなり、関係自体が破綻してしまうリスクを思えば、少しドライなくらいの関係が、結局はベストバランスと言えるのです。

「いい加減」MEMO

相手に過度の期待はしない

けんか友達は実はいい関係かもしれない

仲がよいことはいいことで、みんなと仲よくしなければならないと、多くの人が思っています。しかし、「仲がよくない＝悪い関係」とも限りません。

たとえばこんな「仲の悪いふたり」を目にすることはありませんか。

顔を合わせれば、互いに遠慮なく言いたいことを言い合い、激しい口論になることもしばしばで、それは、はた目にはけんかそのもの。周囲はハラハラしますが、互いに相手を避けるわけでもない。

面と向かって言い合いはするけれど、陰で互いの悪口を言うことはない。う

わべではいかにも親しげにしているのに、相手のいないところでは互いの悪口を言い合っているような、陰湿な関係とは正反対の、カラッとした関係です。

いがみ合っていたかと思えば、時折ふたりで話が弾んでいることもあって、周囲を驚かせます。まるで気が合わないように見えるのに、ちょっとした食べ物の好みなど、妙なところで意見が合ったりもします。

このふたりの関係は、果たして「悪い関係」でしょうか。

仲はよくないし、互いのことを好きでもないでしょう。顔を合わせる必然性があれば、互いを避けることなく場を共有しますが、わざわざ誘い合って出かけるようなことはしません。

互いに執着していないので、相手の言ったことをいつまでも根に持ったり、恨んだりもしません。相手と意見が違っても、それを全否定するのではなく、正しい部分は正しいと認め合う度量を、互いに持っています。

見方によっては、これも成熟した大人のつき合いの、ひとつの形ではないかという気がします。

そして、そんなつき合いが成立するのは、仲がよくないからこそです。仲がよくない、つまり相手との間に心理的な距離があるので、少し離れたところから相手のことを見る形になり、相手の全体像がよく見えます。

その結果、相手の「そんなに悪くない」ところも目に入ります。「コツコツ努力する」「何ごとにも手を抜かない」「責任感が強い」など、評価せざるを得ない資質もよく見えます。自分との共通点さえ見えて、「似たようなところがあるからこそ、ぶつかり合ってしまうのだ」ということまで理解できるのです。

そんなふうに、「相手の全体像が見えるところまで遠ざかる」ことで、嫌いな人との関係がラクなものになることがあります。

嫌いな相手に対して「顔も見たくない」と思うのは、その顔がいつも見えているからです。嫌いな人と顔を合わせる機会を、できるだけ減らすようにすると、最初は顔を見ないで済むようになったことに、ほっとします。

そのうちに、相手に対する嫌悪感も薄れていきます。誰かからその人についての話を聞いても、何とも思わなくなります。そこまで遠ざかると、相手のことが「そんなに悪い人じゃない」とさえ思えてきます。相手のいやなところを目にする機会が減ることに加えて、前述のように、相手の全体像が見えるようになり、相手の「そんなに悪くない」ところを感じ取れるようになるからです。

相手からほどよく離れることで、相手に抱いていた悪感情は薄れていきます。そして、相手のことを好きにはなれないまでも、ゆるやかに認め合える、大人のつき合いができるようになる可能性が出てきます。

「いい加減」MEMO

距離ができると悪感情が薄まる

感情が入り込むのは要注意

　たとえば、「久しぶりに会わない？」と友達に声をかけて、断られたらどう思いますか。
「何とも思わない」と答えた人は、人づき合いで悩むことが少ないタイプです。断られても「わかった、じゃあね」で終わり。断った理由を尋ねることもしません。「ノー」という答えがすでに出ている以上、理由を聞いても意味がないからです。
　そんなふうに考えられる人は、相手とベタベタしない、風通しのいい関係をつくることができます。

一方、人づき合いで問題を抱えやすい人は、そこでこう思います。

「せっかく誘ったのに、なんで？」

この時点で感情が入り込みます。そして、「何かほかに約束でもあるの？」などと、断った理由を問いただそうとして、相手を辟易《へきえき》させます。

そういう人は、自分が相手の誘いを断るときも、聞かれてもいないのに「とにかく忙しくて」などと、言わなくてもいいことを言ってしまいます。まるで「そんな暇《ひま》はない」と言わんばかりで、やはり相手の感情を逆なでします。

感情が入り込みやすい人は、感情で人と結びつこうとしがちな人とも言えます。そして、感情で結びついた人間関係は、冷静さや客観性を欠いた、いびつなものになりやすいのも事実です。

「愛の鞭《むち》」という名のもとに、上司が部下に理不尽な長時間労働を強要し、部下もその「愛」なるものに応えようとするのが常態となっている、いわゆるブラック企業などは、そんないびつな関係によって成り立っている集団と言えるでしょう。そんな関係は幸せには結びつきません。

感情を入り込ませることなく、事実だけを伝えるほうが、相手に真意がきちんと届き、相手との関係もうまくいくことがあります。

たとえば子どもに対して「勉強しなさい」と言いたいとき。「人間は努力すれば、必ず夢をかなえられるのよ。その喜びをあなたに知ってほしい。だから勉強しなさい」と、人生訓めいたことまで持ち出して、感情的に伝えたところで、子どもが素直に勉強するかといえば疑問です。

それよりも、「自分で食べていけるようになるためには、いま勉強することが必要」ということを、淡々と伝えたほうが、「たしかにそうだな」と、子どもも受け止めやすいのではないでしょうか。

相手が大人であっても同じです。感情で相手とつながろうとして、感情的な方向に振れすぎたコミュニケーションをとろうとすると、相手にうっとうしいと思われたり、あるいは過度にベタベタした関係になったりして、いずれにしてもあまりいい結果にはならないという気がします。多少味気ない言い方になっても、事実だけを伝えるようにしたほうがいいときもあると思います。

「いい加減」MEMO

「事実」だけを伝えるようにする

「あなたはあなた、私は私」と決めれば遠慮も消える

人間関係における「厄介な人」には、いろいろなタイプがあります。そのひとつが、「誰かにくっつきたがる人」です。

人からの誘いを断れないような、よく言えば優しい、悪く言えば気弱な人は、「くっつきたがる人」の格好のターゲットです。

「わざわざ誘ってくれたのに、断ったら相手に悪い」と、必要以上に相手の気持ちをくみ取り、自分よりも相手の気持ちを優先してしまう。それで断り切れ

ず、無理につき合ってあげたところで、「くっつきたがる人」のほうは、そんなこちらの気持ちなど気にも留めません。むしろ、さらにグイグイとくっついてこようとします。

何かにつけて連絡してきたり、話しかけてきたりします。こちらのことも、根掘り葉掘り聞いてきます。そこでピシャッと「あなたには関係ないでしょ」とでも言い返せれば、相手も離れていきますが、くっつかれてしまう優しい人には、それができません。聞かれるとなんとなく答えてしまい、相手はさらにくっついてきます。

その関係が苦痛であるなら、逃げ出すしかありません。

現実問題として、くっつきたがる相手を完全にはねのけるのは、難しい場合が多いでしょう。相手がたとえば近所の人だったり、職場の人だったりすれば、関わり合いを完全に絶つことはまず不可能です。

とはいえ、**関わり合いを持ちながらも、うまく離れることは可能です。その方法は、「あなたはあなた、私は私」と、態度ではっきり示すことです。**

気弱な人は、「そんなことはできない」と頭を抱えてしまうかもしれませんが、これは、それほど難しいことではありません。

くっつきたがる相手に対して、「私はあなたを受け入れているわけではない」ということを、一度だけでいいので、はっきりと示してみてください。たとえば、こちらの個人的なことを詮索されても、「それは話したくない」と伝えます。

すると相手はあなたの気持ちに気がつき、ショックを受けたり、怒ったりするかもしれません。でも、そこでひるまないことです。

相手に気持ちが伝わったら、あとは何も気にしなくてかまいません。相手からコソコソ逃げたり、怒った相手とまともに言い合いをしたりする必要はありません。こちらは態度を変えなくても、相手のほうがこちらにくっつくのをあきらめて、離れていくでしょう。

相手に対して受け身にならない。相手の気持ちを大事にするのはかまいませんが、同時に自分の気持ちも後回しにせず、大事にする。それを意識するだけで、相手に対する不必要な遠慮は消えていき、人間関係が心地よいものになっていきます。

「いい加減」MEMO

一度、自分の主張をしっかり伝える

第2章

65歳からは「自分がラクで心地よい」が最優先

嫌われないために相手に合わせなくていい

習いごとなどで、若い人たちとつき合う機会があると、話を合わせようと、若い世代の間で流行しているファッションや音楽などについて、熱心に調べる人がいます。

「若さを保つためには、若い世代と交流したほうがいい」などと言われますが、そこまでしてつき合わなければいけないものかとも思います。

自分が相手に合わせて仲よく「してもらう」関係は、なるべく避けたほうがいいと思います。

こちらが相手に合わせるだけだと、相手の側からしても得るものがありません。

たとえば60代でアニメや鉄道のおたく歴50年という人は、その道の若年者が知り得ないことをいろいろ語ることができるからこそ、下の世代からも「面白い人」と認識されるのです。

「年の功」を発揮して、趣味の集まりで、それを長年やってきたからこその知識や経験を相手に教えることができれば、相手も新しい発見や知識を得られます。

反対に、60代になって新たにダンスやフラワーアレンジメントを始めて、若い人にいろいろと教えてもらうことで、いい関係が築けているのなら、それはそれでいいと思います。教える側も気分がいいでしょうし、こちらもそのコミュニケーションを楽しむことができます。

そのどちらでもなく、ただ嫌われないために相手に合わせるなどということは、年齢を重ねてからするべきこととは思えません。

相手に合わせてしまいがちな人が、それを変えるために必要なのは、性格や思考をどうこうするというより、「場数を踏む」ことだと思います。

嫌われるかもしれなくても、言いたいことを言ってみる。何かお願いをしてみる。その結果、それでも嫌われない場合があるという経験を得ていくことで、いつも人に合わせなくてもいいのだと思えるようになるはずです。

とはいえ、たまには周囲に合わせなければいけないときもあります。どんなときでも意地を張れということではありません。他人に合わせるほうがラクという人は、それでかまわないと思います。

ただ、我慢するとか、ストレスと感じるようなことは、もうそろそろやめたほうがいいということです。

嫌われるのが怖いからと我慢を続けても、残りの人生でそれほどいいことがあるとは思えません。

若いうちは、どんなことでも我慢すれば、いずれ何らかの見返りが得られると思えたかもしれませんが、人生の残り時間を考えれば、もはやその我慢は割に合わないと考えたほうがいいでしょう。

「いい加減」MEMO

人に合わせるのがラクならそれでもいい

見栄を張るのも自分の気分がよければいい

友達との会話で、あるいはフェイスブックやインスタグラムなどのSNSで、自分の暮らしぶりなどについて見栄を張る、豊かで幸せな自分をアピールして、周囲の人に対して「マウントをとる」、つまり優位に立とうとする。そんな人はよくいます。

虚勢を張るのはたしかにむなしいことで、そのことに自分自身でしんどさを感じているのであれば、やめたほうがいいでしょう。でも、本人がそれで気分がいいのであれば、別にかまわないのではと思います。

SNSで架空の自分になりきったとしても、それで詐欺《さぎ》を働いたりするのでなければ、別にとがめられるようなことでもありません。見栄を張るために浪費するのが問題だとしても、見栄のためだけに使うお金など、たかが知れています。

歳を重ねると、お金に余裕のある人とそうでない人、健康な人と体の衰えが激しい人など、いろいろな面で個人差が大きくなってきます。

そこで相手との格差を感じて、つき合いがつらくなるようであれば、無理につき合いを続けなくてもいいと思います。

一方で、たとえば友達がリッチな未亡人になって、その友達と会うと自分もちょっとリッチな気分になれるとか、かつての同級生が有名人になって、その同級生と一緒にいると、なんとなく気分がいい、ということもあると思います。その気分のよさを楽しむのも悪くないことです。

また、**人づき合いでは、できる範囲で相手に親切にするに越したことはありません。そうすることで相手も喜び、自分も気分のよさを味わえます。**

ただ、そこで大事なのは、見返りを求めないということです。

「期待したほど喜んでもらえなかった」「十分なお礼がなかった」など、見返りがないことでいやな気分になるのであれば、親切にする意味がありません。

お金を貸すなら、あげるつもりで貸すようにしたほうがいいでしょう。

「いい加減」とは、結局のところ、自分にとっていいさじ加減、自分自身がいい気分になるかどうかの塩梅《あんばい》です。どんなことも、それを基準に判断したほうがいいと思います。

何が正義で何が悪かなど、客観的な基準に基づいて規定できることは、実は世の中にはほとんどありません。お金だけは、数字で損をしたか得をしたかがわかると思うかもしれませんが、金銭的に損をしたとしても、自分の気分がよければそれでいいはずです。

純粋に金銭的な損得で言うなら、形のない消費である映画などのエンターテインメントは、基本的にすべて損ということになります。しかし実際は、個人の満足度という数値化できない基準によって、それぞれの人にとっての価値が決まります。

私も、100万円や200万円という価格のワインを手に入れ、それを人に振る舞うこともあります。それも見栄っ張りと言えばそうかもしれませんが、そのときの気分のよさがあるからこそ、たまに著書が売れたときぐらいは、そんなことをしてもいいかなと思っているのです。

「いい加減」MEMO

自分がいい気分になれるかどうかで判断

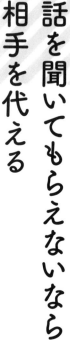

話を聞いてもらえないなら相手を代える

建前だけでつき合っていても、お互いつまらないはずです。相手が自分とのつき合いを楽しんでいないように感じるとしたら、無理をしていないかと相手に率直に尋ねることができれば、それに越したことはないと思います。

「自分は相手とのおしゃべりを楽しみたいと思っているのに、相手はなんだかつまらなそう」

「こちらが相手に聞いてほしいことや、関心のある話題について熱心に話しても、相手の反応がいまひとつで、自分が一方的に話しているような気がする」

そんなときは、「話す相手を代える」という発想もあっていいと思います。

「あの人は私の話を聞いてくれない」などと、相手に対して不満を募らせるよりも、相手を代える。その当たり前のことをしない人が多いと感じます。

話す相手はほかにいくらでもいます。そして、人には相性があります。


たとえば、自慢話は誰も聞きたがらないので、しないほうがいいものとされています。でも、それを楽しんで聞いてくれる人も、いないとは限りません。

子どもや孫が一流大学に合格したという自慢話は、聞かされたくないと思う人も多い一方で、それを聞いて、自分の子どもや孫の受験のヒントを得たいと思う人もいるでしょう。

実際、子どもを全員東大理科Ⅲ類（医学部）に合格させたという母親が、教育のカリスマ的な存在として著書を出したり、講演したりしています。そこで語られる話は、結局のところ自慢話なわけですが、自分の子どもの受験を成功させたい親が、熱心に耳を傾けています。

一般論としては、話をするときは相手の反応を見たほうがいいし、相手がつまらなそうにしているなら、話題を変えるなどの対処をしたほうがいいでしょう。

そのとき、自分が話したいことを、興味深く聞いてくれる相手はほかにいるかもしれないのだから、目の前の相手だけに聞いてもらう必要はないのだと思うことができれば、気がラクになるのではないでしょうか。

「いい加減」MEMO

話す相手はほかにいくらでもいる

断り方はストレートに

相手からの誘いや提案を断るのは、気が引けるものです。どんな断り方をすればよいのか、頭を悩ませる人も多いことでしょう。

たとえば仕事の依頼に対して、断り方はふたつあります。ひとつは「いまはこういう事情があって、時間がないので」というふうに、率直に理由を告げて断る。もうひとつは、本当は別の理由があったとしても「自分の体力的に、すべてをお引き受けするのは難しいので」などと、誠意ある方便を使う断り方です。

歳をとってからの場合、何かを断るのは、忙しいなどの物理的な理由からというより、単純に「いやだから断る」ことがほとんどのはずです。

それなら、**いやなことはいやだと、ストレートに伝えたほうがいいと思います。**

仕事の場面では多くの場合、今後の仕事のために相手との関係を保っておく必要があるため、断り方に気を遣わざるを得ません。

しかし、そのような**しがらみのない立場や年代になってからは、嫌われてもいいという前提での断り方も選ぶことができます。**それは、歳を重ねたからこそ得られる特権とも言えるのです。

「いい加減」MEMO

しがらみのない立場だからこその断り方がある

嫌われても自分の予定を優先する

他人の誘いを断れないタイプの人は、自分の予定を後回しにしてでも、相手の誘いに応じようとしてしまいがちです。

通院の予約が入っているとか、親族の法事があるなど、明確な用事があれば、それを理由に迷わず断ることができます。でも、「その日は家でゆっくり本の整理がしたい」といった、ごく個人的な予定は、断る理由にならないと思い、「その日は何も予定がないから大丈夫」と返事をしてしまうのです。

相手に合わせることによりつい後回しにしてしまうその予定は、自分にとっては大切なことのはずです。少なくとも「断るのは相手に悪い」というだけで応じるつき合いよりは、よほど大切だと言えるのではないでしょうか。

その**「自分にとって大切なこと」を優先しましょう。**

「その日は家でやりたいことがあるから」。それだけで断る理由としては十分です。これができるようになると、他人に振り回されることがなくなり、人間関係がいいほうに変わっていきます。

自分の予定を優先することは、わがままでもなんでもありません。むしろ、生活の充実度や満足度が高い人は、たいていそうしているはずです。

そのような人は、あなたが自分の予定を優先して誘いを断っても、気を悪くすることはありません。その人自身もそれが当然だと思っているからです。

自分自身の時間を尊重する人と、互いに断ったり断られたりしながら、都合の合うときに気兼ねなく一緒の時間を楽しく過ごす。そんな心地よい人間関係だけが続いていくのであれば理想的です。

人づき合いでは、互いの気持ちをわかり合うことで共感が生まれ、より親密になることができます。

自分が「こうしたい」と思う気持ちを無視して、相手の意向ばかりを優先しようとしていては、相手との間に本当の共感は生まれません。相手にはこちらの気持ちが見えず、それを理解することもできないからです。

まずは**自分の気持ちに素直に従って行動する。それが、互いの気持ちをわかり合える「いい関係」を築くためのベースになるのです。**

「いい加減」MEMO

自分にとって大切なことを優先する

話したくない話はしないと意思表示する

親しい相手との会話でも、話したくない話題はあります。家庭の事情など、「隠すつもりはなくても、積極的に話したいわけでもない」という事柄について、ズケズケ聞かれると困惑します。

他人の悪口を延々聞かされるのも、気分がいいものではありません。そこで相手の機嫌を損ねないように、適当に話を合わせていると、こちらも悪口を楽しんでいると思われて、ますますヒートアップしてしまう可能性があります。

本当に我慢ができないことは、はっきり宣言するほうがいいと思います。他人の悪口は聞きたくないのなら、そう伝えればいいのです。

「そんなことは角が立つからとても言えない」と思うかもしれませんが、相手を非難するわけではなく、「他人の悪口は聞きたくない」という、あなた自身の気持ちをただ伝えるだけです。

それによって、あなたが何でも相手に合わせる人間ではないということが、相手に伝わります。あとは何もしなくても、相手のほうがこちらとのつき合い方を考えてくれるはずです。


話したくない話はしない。はっきり言葉でそう伝えるのが難しいなら、「話したくない話題になったら沈黙する」という方法もあります。


中途半端に相槌をうったり、あいまいに笑顔を浮かべたりしてやり過ごそうとせず、無表情で黙り込みます。これが一番簡単な「拒否のポーズ」です。

さすがに相手も、こちらの心情を察するでしょう。沈黙という「間」ができることで会話が自然に途切れ、話題が切り替わります。

会話の間じゅう、ずっと不機嫌に黙りこくっているのは、感じがいいとは言えませんが、触れられたくない話題のときに沈黙をはさみ込むのは、失礼なことではありません。

話したくない話はしないと態度で示したり、自分の予定を優先したりして、あなたは「そういう人」だと相手に思ってもらう。そうすれば、それでもあなたとつき合いたいと思う人とはつき合いが続き、そう思わない人とは自然に距離ができていきます。結果的に、自分にとって心地よいつき合いだけを楽しむことができるようになるのです。

「いい加減」MEMO

**沈黙することも
拒否する手段のひとつ**

疲れたらやめる

「なんだかいつも、自分ばかりが話題を提供して、会話を盛り上げている気がする」

「集まりの幹事役をするのはいつも自分で、ほかの人は何もしてくれない」

「自分はLINEにすぐ返信しているのに、相手からはなかなか返ってこない」

そんなふうに感じて、疲れてしまうことはありませんか。

「疲れた」は、やりすぎのサインです。相手に気を遣ってサービスしていて

も、自分ばかりが「してあげている」と不満を感じたり、疲れたりするようなら、やめるほうがいいでしょう。

こちらは気を遣ってあれこれ話しているつもりでも、もしかしたら相手は「一方的にしゃべっている」と感じて、少し辟易しているかもしれません。いつも幹事役になるのは、あなたが「仕切りたい人」なのだとまわりが思い、むしろ気を遣って任せてくれている可能性もあります。

無理にしゃべろうとせず、少し間ができてもいいから、相手が話し出すのを待ってみる。集まりのセッティングは、あえて自分からは手を挙げずに、ほかの人にお願いしてみる。すると、案外スムーズに運ぶかもしれません。少なくとも、あなた自身が「疲れる」と思うことをやらなくて済みます。

友達づき合いに限らず、夫の世話でも、親の介護でもそうですが、疲れてまでやろうとすると、自分自身の健康を害することにもつながります。疲労で心の余裕がなくなり、相手から十分な感謝がないことなどに、腹が立ちやすくなります。

疲れてもやらなければいけないと思うのは、心の健康に悪い思考パターンのひとつである「かくあるべし思考」の典型です。

自分の理想型に縛られ、そうでなければダメだと思い込んでしまう。そんな「かくあるべし思考」で、いつも不機嫌な顔をして頑張るより、疲れたらやめるほうが、自分自身の健康にもよく、相手にとっても望ましいはずです。

「いい加減」MEMO

相手が話し出すのを待ってみる

会話の断片にこだわらない

誰かに言われたキツいひと言などが、いつまでも心に刺さったままになっていて、何かの拍子にそのことを思い出す。すると、「あの人にこんなひどいことを言われた」という悪感情がぶり返してきて、悶々《もんもん》としてしまう。そんなこともあるかもしれません。

相手に言われたことがいつまでも忘れられず、その悔しさや怒りをくすぶらせ続けている、いわゆる「根に持つタイプ」の人は、相手が発した言葉の、ほんのわずかな断片にこだわっていることが多いものです。

たとえば「あなたは冷たい」と言われたことを根に持っている場合、往々にしてその言葉だけが心に刺さり続けています。

そこで、そのときの会話の流れを、あらためて思い返してみてください。その言葉が出たときの状況や、前後のやりとりはどうだったでしょうか。

相手が「冷たい」と感じるのも無理はないような、何らかのことをこちらが先に言っていたかもしれません。あるいは、こちらを責めるようなものではなく、もっと軽いリアクションのような言葉だったと気づくこともあるでしょう。

俯瞰的な視点で会話の流れ全体を見渡してみると、「相手がそう言うのもしかたなかった」「あれは弾《はず》みで出た言葉だった」などと、冷静に受け止められる可能性があります。

会話の断片にこだわるのは、週刊誌の広告のショッキングな見出しだけを目にして、心をかき乱されるようなものです。記事全体を読んでみると、それほどたいした話でもなく、バカバカしい気分になったりするものです。

一歩引いたところから全体を眺めると、ものごとを受け止めやすくなります。

少し離れることでラクになる。それは、人間関係全般に言えることです。

「いい加減」MEMO

俯瞰的な視点で見渡してみる

去る者は追わず

学生時代の友達、独身で会社勤めをしていたときの同僚、子どもが幼かった頃のママ友、かつて住んでいた家のご近所さん……。

一時期は毎日のように会っておしゃべりしていたのに、気がつけばほとんど会わなくなった。歳を重ねれば、そんな相手が何人もいるはずです。

その相手とは、別にけんかしたわけでも、気まずくなったわけでもありません。互いの生活の変化にともなって、自然に疎遠になったのです。

自然に遠のいた関係は、ちょっとしたきっかけでまた近づくことがあります。しばらく連絡を取らないうちに、なんとなく疎遠になった相手から、たまたま何かの知らせをもらい、そこからやりとりを重ねて、久しぶりに再会。当日は話が尽きず、楽しい時間があっという間に過ぎた。そしてまた、以前ほど頻繁ではないにせよ、連絡を取り合うようになった。そんなこともあるでしょう。

こんなふうに、**時間が経って顔を合わせても、また心地よいつき合いができるのは、相手を嫌いになって離れたわけではないからです。**

嫌いになって離れた相手に対しては、時間が経っても悪い感情が消えないので、顔を合わせたところで、また親しくつき合うなどということはできません。

親しかった相手が離れていくことは、人生のどの段階でもあり得ることです。そうなる事情はさまざまですが、ほとんどの場合、あなたのことを嫌いになったからではありません。

あなたに対する関心や愛情が、ひと頃より薄らいでいるかもしれませんが、嫌いになるところまでには至っていません。

そのような状況で、離れていく相手を引き留めようとすれば、相手は疎ましさや不快感を覚えることもあるでしょう。嫌いになる手前で止まっていた感情の針が、一気に「嫌い」のほうに振れて、あなたとすっぱり縁を切ろうという気持ちになってしまいます。当然、その後再会する機会があったとしても、つき合いが復活することは望めません。

これは、恋愛でもよくあることです。相手の気持ちが離れてきているのを感じて、「私のことを嫌いになったの？」「絶対に別れないからね」などと言い出して、相手を引き留めようとする。その行動によって、相手は息苦しさを感じて、「もう別れたほうがいい」と、決意を固めてしまうのです。

「去る者は追わず」の姿勢でいることは、相手に思い入れがあるほど、難しいことでしょう。でも、それができなければ、相手に対する悪感情と苦みだけが、双方に残されることになります。

離れていく相手と、互いにいい印象を持ったまま、またいつか気持ちよく会える可能性を残しておくためには、「追わない」ことが最善の選択です。

「いい加減」MEMO

久々の再会でも「心地よい関係」が理想

自分も相手も60%で十分と考える

人づき合いでは、相手に対してイライラしたり、ムッとしたりすることも、多々あります。

たとえば、時間にキッチリしている人は、いつも待ち合わせの時間に平気で遅れて来る人にイラッとするでしょう。会話の中で、相手のなにげない言葉に、思わずムッとしたりすることもあると思います。

そういうときは、**心の中で「まっ、いっか」とつぶやいてみてください。この「まっ、いっか」で、人との関係はずっとラクなものになります。**

妻が夫に対して、「しょうがない人ね。でも、まっ、いっか」と妥協している夫婦は、たいていうまくいっています。

何でもきちんとやろうとして、実際きちんとやっている人は、他人に対しても厳しくなりがちです。きちんとしていない人のことを実際に責めることはしなくても、まわりの人は、きちんとしている人がそばにいるだけで、なんだか責められているような気分になるものです。

そういう完璧主義の人は、何かひとつでもうまくできないと、「なんてダメな人間なんだ」と、自分を責めます。しかし、できない自分を責めるのは、「自分は何もかもできる」という傲慢《ごうまん》さの裏返しとも言えます。

自分にも他人にも、100%の完璧を求めていたら、人生はとてつもなく窮屈《きゅうくつ》なものになります。60%くらいできれば「まっ、いっか」。相手に完璧を求めないと同時に、自分に対しても甘くなってほしいと思います。

そもそも、歳をとればとるほど、心身の衰えにともなって、「何もかもきちんとする」ことなど不可能になっていきます。70代ともなれば、もはや雑にならないとやっていけません。

「いままでできていたことは、これからもできる」と思うのは危険です。いままで全力でやってできていたことを、これからも全力でやったとしても、その「全力」のレベル自体が日々、落ちていくのですから、できなくなって当然です。「やればできる」という思い込みは、もう捨てなければなりません。

60%で十分。何に対してもそう思うことが、これからの人生を生きやすくしてくれます。

「いい加減」MEMO

イライラしたら「まっ、いっか」

ペラペラ
ペラペラペラペラ
まっ、いっか
Cafe

第3章

つかず離れずが「いい加減」

理想は「つかず離れず」のつき合い

人間関係のトラブルはたいてい、互いの距離が近すぎることから起こるものです。

近くにいるほど、互いのいやなところが目につき、不満を抱きやすくなります。人と人は、ほどよく離れているほうが、相手のいいところも悪いところも含めた全体像が見えて、いい関係を保ちやすいのです。

友達づき合いや近所づき合いはもちろん、親子や夫婦などの近しい間柄で

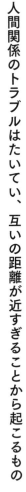

も、「つかず離れず」のほどよい距離感でつき合うのが理想です。


ただ、現実にはほとんどの場合、「つかず離れず」とはいきません。

たとえば、老いた親との関係では、親が元気なうちは離れて暮らし、たまに様子伺いの電話をかける程度の、薄いつき合いを続けていることが多いと思います。かつては「親孝行したいときには親はなし」と言ったものですが、長寿化が進んだいまは「親孝行したいときには親が要介護」です。

親の衰えが進み、いざ要介護になると、それまでほったらかしにしていた罪悪感も手伝って、親を自宅に呼び寄せ、熱心に在宅介護を始める。その結果、介護を頑張りすぎて限界を迎え、親を介護施設に入所させると、今度は施設にいる親にほとんど会いに行かなくなる、というパターンがよくあります。

しんどい思いをして在宅介護を続ける必要はなく、むしろ施設を利用し、そのうえでこまめに本人に会いに行くほうがいい。要介護の親を持つ人たちに、私は日頃からそう伝えていますが、その反対になりがちなのが実情です。

親の側が、体が弱ってくると子どもに甘えすぎてしまうとか、夫が定年退職した途端、何でも妻に頼りきりになる、というケースもよくあります。

ベタベタと近寄りすぎるか、突き放すか。**極端から極端へと振れてしまい、「いい加減」の関わり方ができていないことが多いと感じます。**

距離が近すぎるとトラブルのもとになりますが、かといって突き放すと遠くなりすぎてしまいます。適度な距離をとるのが大切なのですが、それがなかなか難しいのです。

「いい加減」MEMO

ほどよい距離感のつき合いが理想

ほどよい距離がとれない理由

近づきすぎたり、離れすぎたりと、人間関係でほどよい距離がとれない人は、「二分割思考」にとらわれている人が多いと思います。「正義か悪か」など、ものごとをふたつにはっきり分けてしまう、この思考パターンの人は、他人のことも「敵か味方か」に分けてしまいます。

そのため、味方だと思っていた人が、少しでも自分を批判すると、敵になったと考えます。味方であっても批判することがあるとか、他人と完全に意見が一致しないのは当たり前といったことが認められません。

白か黒かで、その中間のグレーが認められない。そうした人は、すなわち「いい加減」ができない人です。

世の中はグレーだらけで、真っ白や真っ黒と言えることはほとんどありません。にもかかわらず、それがあるかのような幻想にとらわれている人が少なくありません。

人気のあった芸能人が不祥事を起こすと総叩きに遭《あ》ったり、景気がよかった頃はもてはやされていた経営システムが、景気が悪くなるや全否定されたりと、日本人は極端から極端に振れやすく、「中道」とか「ほどよい」「適当」というものがあまりない国民性だと感じます。

それは、テレビの悪影響もあると思います。テレビは基本的に、ものごとをいいか悪いかに単純化して見せることを志向するメディアで中間を認めません。

たとえば、事件を起こした人が「普段は真面目だった」などと、さも意外であるかのように報じます。真面目な人が追い詰められて罪を犯すことなど、当然あり得ることなのに、単純に罪を犯したのだから「悪いやつ」だと決めつけているのです。

私が精神科医として、テレビ番組で犯人の人物像についてコメントを求められたとしたら、いろいろな可能性があることを前提に話をすると思いますが、それでは放送時間内に収まらないからと、遮《さえぎ》られてしまうでしょう。

しかし実際、ものごとにはいろいろな可能性があります。人間関係においても、「ほどよい加減」の距離をとるためには、白か黒かの極端な思考から脱却することが必要なのです。

「いい加減」MEMO

世の中は「グレーだらけ」と考えよう

「いい加減」の距離

親子や夫婦、親友など、「近しい関係であれば何でもわかり合える」というのは幻想です。

「夫婦なんだからわかってくれるはず」などと、つい思ってしまいがちですが、「夫婦は他人の始まり」です。

夫婦だからといって、考えが何もかも一致するわけではありません。どれほど熱烈な恋愛の末に結婚した相手でも、一緒に子どもを育てたり、親の介護に直面したりするうちに、「この人とは一心同体と思っていたけど、そうじゃな

いんだ」と気づかされることが、いくらでも出てきます。

かつて主流だったお見合い結婚は、何でもわかり合えるという期待を、互いにあまり持たない地点からスタートするので、結果として離婚が少ないとも言われます。

相手に過度な期待をしない。それが「いい加減」なつき合いのポイントです。

一方で、距離をとりすぎて、相手に「水くさい」と思われてしまうこともあります。本当に困っているとき、問題が深刻であるほど、親しい人にも頼るのを躊躇してしまうものです。

そこで思い切って頼ってみたときに、断られたり、冷たい対応をされたりする可能性もありますが、「なんでもっと早く言ってくれなかったの、水くさいじゃない」と言われることもあります。

そして実際には、どちらかというと後者のケースのほうが多いと私は思います。もっと素直に相手に頼ればいいのに、頼っていないということです。

近い関係性であるほど、相手に過度な期待をすることがある一方で、頼ればいいのに頼らない、「助けて」と言えばいいのに助けを求めないことがあるように思います。**近すぎると同時に遠すぎる。「いい加減」ではないのです。**

また、人目を気にしがちな人も、相手に何も言われていないうちから、先回りして自分の行動を抑制しているという意味では、人と距離をとりすぎていると言えます。そこはもう少し他人を信用してもいいのではと思います。

「いい加減」MEMO

相手に過度な期待をしない

「しがみつき」は関係を壊す

「ひとりでいるのも好き。でも、ときには誰かと一緒にいたい」というAさん。

「ひとりでいるのは不安。だから、誰かとつながっていたい」というBさん。

どちらも、誰かを求めているのは同じですが、その心理はまったく違います。

Aさんは、自らの「欲望」で動いているのに対し、Bさんは「不安」で動いています。

「欲望で動く人」は、自分がその相手と親しくなりたいといった思いから、相手に近づきます。そこで親しくなるのが難しいとわかれば、無理に距離を詰めようとはしません。相手と親しくなりたいという、自分の欲望が収まれば、相手から離れることもできます。

一方、「不安で動く人」は、相手に近づくやいなや、しがみついてしまいます。いつも相手のことで頭がいっぱいになり、その人がそばにいなかったり、少しでも自分から離れていきそうになったりすると、不安やイライラをおさえられなくなります。

これは、アルコールやギャンブルなどの依存症とよく似た心理です。依存している対象と離れると不安やイライラに襲われ、しかも多くの場合、自分自身では、依存の程度がそれほど重いとは認識していません。

不安で相手にしがみついている人は、それによって相手に嫌悪されるリスクがあるとか、ほかにもいい人がいるという事実に、自分自身で気づくことがなかなかできず、まわりの人がそう忠告しても、耳に入りません。

相手にしがみつくと、結局は相手との関係が破綻することになります。自分にとって大切な関係を、自ら壊してしまう結果になるのです。

「不安で動く人」がしがみつく相手が「欲望で動く人」であった場合。つまり、冒頭のBさんが、Aさんにしがみついた状態を考えてみましょう。

Aさんは、ひとりでいるのも好きなので、相手にベッタリとくっつかれると息苦しくなります。Bさんのことが嫌いなわけではないけれど、Bさんと少し離れて、自分の時間を持ちたいと考えます。

しかしBさんは、そんなAさんの気持ちを理解することはできません。Aさんが少しでも自分から離れようとすると、「逃げられる」「捨てられる」という不安にかられます。そして、ますますキツくしがみつこうとします。

そうなれば、Aさんは苦痛に耐えられず、はっきりと逃げ出したくなります。Bさんと親しくしていたいという気持ちは、完全に消滅してしまいかねません。

ひとりでいることも大切にしたいAさんの気持ちを、Bさんがわかってあげられていれば、何も問題はなかったはずです。

互いに離れている時間を持つことができれば、そこで相手のいいところも悪いところも含めた全体像を眺め、あらためて自分にとって大切な相手だと、双方が再認識することもあります。しかし、**しがみついたままの状態では、相手のいやなところばかりが目についてしまいます。**

Bさんは、自分から離れていこうとするAさんに対して、憎しみの感情を持つようになります。そして、今度は不安からではなく、「自分を捨てて逃げるなんて許せない」という憎しみによって、Aさんを離すまいとしがみつくようになります。いわゆるストーカーの心理です。

最初は互いに好意を持って始まったはずの関係が、こんなふうに憎み合って終わることになってしまう。初めはベッタリな時期があっても、どこかでほどよい距離をとることができていれば、安定した関係になっていったはずなのに、その前に破綻してしまうことになるのです。

人と人は、ある程度距離を置いたほうが、実はわかり合える。そのほうが、好きな人ともいい関係が保てる。そのことを心に留めておけば、「しがみつき」の心理に陥るのを防ぐことができるはずです。

「いい加減」MEMO

近すぎない関係のほうがわかり合える

親友でも
たまに会うくらいが「いい加減」

本当に大事にしたい関係でも、「つかず離れず」が望ましい距離感です。

この人とは気が合う、一緒にいると楽しい、この人になら何でも言えるという親友とでも、四六時中ベタベタと一緒にいないほうが、いい関係が長く続くと私は思っています。

私にも親友と呼べる相手がいますが、関西地方に住むその親友と会うのは、せいぜい年に1、2回程度です。それでも、会えばすぐに何でも話せる関係に戻って、心から楽しいと思える時間を過ごすことができます。ですから、互いに気が向いたときに会うくらいで十分だと思っています。

気が合う相手とは、数年単位で会わない時間があっても、変わらず友達でいられます。以前から親交のある歴史学者の磯田道史さんと、最近、2、3年ぶりに会う機会があり、そのことを私も実感していたところです。

親友だからといって、たとえばシェアハウスで一緒に暮らすなどという話になると、距離が近すぎて、互いに相手の悪い面がいろいろ見えてしまいます。

困っているときに思い切って相手に頼り、自分の弱いところや情けない部分をさらすことになるのは、別にかまわないと思います。しかし、**何の必要もないのにベタベタと一緒にいることで、あえて見せなくてもいい自分の悪い面を見せることになるのは損だと思います。**

大事なのは、一緒にいて楽しいとか、互いに会いたいと思える、自分にとって「いい加減」の関係が長く続くことです。

そして、適度に離れている「いい加減」の距離感が、互いに「会いたいな」と思う気持ちを保たせてくれるのです。

「いい加減」MEMO

ベタベタしすぎは悪い面まで見せてしまい損である

距離をとることを後ろめたく思う必要はない

相手と距離をとるのは、相手に悪いような気がしてしまうかもしれません。

でも、前述のように、本当に親しい相手とは、何年も会わなくても変わらず親しくできるのですから、距離をとることが悪いわけではないのです。

相手から少し離れるのは、相手を拒絶することではありません。相手とほどよい距離を保ち、気持ちのいい関係でいられるようにするためです。ですから、後ろめたく思う必要はありません。

しばらく連絡を取らずにいて、相手が「なんで連絡をくれなかったの？」と言ってきたとしても、そのときに謝ればいいだけのことです。

そもそも、それまでの間に相手からも連絡してきていないのだとしたら、お互い様ですよね。

少し離れてみたことで、しだいに距離が広がり、結果的に完全に離れてしまうとしても、それもまた自然なことです。近寄りすぎたために衝突し、憎み合って後味悪く関係が終わるよりも、よほどいいのではないでしょうか。

「いい加減」MEMO

距離をとるのはお互いのため

自分のルールを押しつけない

「地域のイベントには積極的に参加するべき」

「その日の仕事は、残業してでもその日のうちに終わらせるべき」

そんなふうに、人それぞれ、自分にとっては当然のルールがあります。

意識しておかなければいけないのは、そのルールや常識は、人それぞれ違うということです。

自分のルールが、すべての人にとって共通のルールだと思っていると、それに反する人に対して腹を立てることになります。

「人のものは勝手に奪ってもいい」など、反社会的なことでない限り、自分自身のルールを持つことは、悪いことではありません。

問題は、法律でもないことを、あたかも誰もが遵守《じゅんしゅ》するべきものだと思い込むことです。「法律に違反していなくても、道徳に反することは許されない」と思うかもしれませんが、その道徳もまた、絶対的なものではありません。

たとえば電車内で、スマートフォンで通話することは、日本ではルール違反とされ、それが発端となって暴行事件が起きることもあります。ところが海外では、電車内のあちこちで通話している人がいるのは、珍しい光景ではありません。

ルールはあくまでも相対的なもので、自分が正しいと思っていることは普遍的なルールではなく、単なるローカルルールである可能性もあります。

自分自身のルールを他人に押しつけないことが、人と適度な距離をとるためには重要です。

また、妻は片づけが好き、夫は部屋が散らかっているほうが落ち着くという夫婦で、妻が夫のものを勝手に捨ててしまい、それが原因で夫婦げんかになる、といった話はよく聞きます。この場合も、それぞれの「かくあるべし」を押しつけ合ってもしかたありません。

「あなたの書斎には、私は手を出さないから、あなたの好きなようにして。その代わり、リビングに関しては、私のしたいようにさせて」というように、夫婦の間で新たなルールをつくるのが賢明です。

互いの感覚を押しつけ合うより、互いの領域を認め合う。それが「いい加減」の距離を保つ秘訣だと思います。

「いい加減」MEMO

ルールや常識は人それぞれ違うことを意識する

相手の気持ちを変えようとしない

親友や夫婦など、近しい関係でも、互いに意見が合わないことはあります。たとえば、生活に困窮《こんきゅう》している人の支援について、「国が生活保護費をもっと引き上げてあげたらいいのに」と思う人もいれば、「働かないでお金をもらうのはずるい」と考える人もいるでしょう。

このような場合、どちらも相手を説得するのは不可能です。「自分の考えのほうが正しいのだから、議論すれば相手を論破できる」と思うかもしれませんが、論破ほど不毛なものはないと私は思っています。

たとえ理屈で相手を言い負かすことができたとしても、感情的に納得していなければ、相手は絶対に考え方を変えることはありません。

「お金がないからといって、国の制度に頼るのは甘え」と考えている人が、実際に困窮している人の現状を目の当たりにすることで、「国が支えるべきだ」という方向に考え方が変わる、ということはあると思います。しかし、誰かにそう言われたからというだけで、考えが変わるということはまずありません。

「相手の考え方を変えられる」と思うこと自体が不遜《ふそん》だと、私は思います。

歳をとると、脳の前頭葉が衰えてくることにより、自分の考え方をいっそう変えにくくなります。

私はこれまでの著書で、「コレステロール値はむやみに下げないほうがいい」「やや太め体型の人のほうが、痩《や》せ型の人より長生きする傾向がある」といったことを伝えてきましたが、ずっとその反対のことを信じてきた人は、いまさらその考えを変えることはなかなかできないと思います。

私の本を読んで「目からうろこが落ちた」と言ってくれる人も多いのですが、それは本を読んだことでAからBに考え方が変わったというより、以前から薄々Aに疑問を持っていた人が、「やはりBだったんだ」と納得した、ということだと思います。

自分は宝塚ファン、相手は韓流ドラマのファンだとして、互いにそれを変えさせることはできません。いかに「人は人、自分は自分」と思えるかが大事です。

「自分が正しくて、相手が間違っている」と思うことが、人間関係で余計ないさかいを起こすもとになります。食事のお店選びのようなちょっとしたことでも、「私は絶対にこっちのほうがいいと思う」と、互いに主張することで言い合いになります。

そこで大事になるのは、「どちらも正しい」という考え方です。どちらか一方が正しいという前提だと、正しくないほうが全面的に相手の意見に従わなければいけないことになるので、どちらも譲れなくなります。

「あなたの言っていることは正しいけれども、私の言うことも間違っていない」というスタンスでいれば、無用な衝突を避けることができます。

人の気持ちは変えられません。「相手も自分もどちらも正しい」という視点で、相手の気持ちを受け入れることができれば、ストレスは少なくなるはずです。

「いい加減」MEMO

お互いの意見はどちらも正しい

相手の言うことを深読みしない

「会うのを断ったら『忙しそうね』と言われたけど、あれは『つき合いが悪いわね』という意味だったのかしら」

「『また連絡してね』と言ってくれたけど、きっと社交辞令だから、本当に連絡したら迷惑よね」

こんなふうに、相手の言葉を深読みしてしまう癖がある人がいます。

あれこれ相手の真意を推測してみたところで、それが当たっているかはわか

りません。知りたければ相手に確認するしかありませんが、「あのときのあなたの言葉は、本当はこういう意味なんでしょう?」などと突き詰めたところで、何か得することがあるとも思えません。

結局、ただモヤモヤするだけなのですから、やたらと深読みはしないことです。

相手の本音がいまひとつわからなくて不安になる、ということもあると思います。「自分は本当に親しいつもりだけれど、相手はもしかしたら表面的に仲よくしているだけなんじゃないか」と感じることもあるかもしれません。

それもまた、確かめようのないことです。

たとえば「悩みを相談したら、冷たい対応をされた」など、「表面的につき合っているだけだったんだな」とはっきりわかる何かしらの出来事があったら、その時点でそう結論づければいいだけのことです。

いまのつき合いが、自分にとって苦痛であるなら別ですが、そうでないのなら、わざわざ深読みして悩む必要もないでしょう。**相手の真意がどうであれ、そのままのつき合いを楽しむことでいいのではと思います。**

「いい加減」MEMO

相手の本音は確かめようがない

気分に合わせて会える相手を探しておく

どんなに好きな相手とも、あまりに頻繁《ひんぱん》に会いすぎると、関係が悪化しやすくなります。近すぎず離れすぎずの距離がいい。それがわかっていても、どうしても相手との距離を詰めすぎてしまう人がいます。孤独が苦手な人は、とくにそうなりがちです。

特定の相手に近づきすぎるのを回避する方法のひとつは、「目的別」に会う相手を見つけておくことです。

たとえば、明るい話をしたいときにはAさん、一緒に食事を楽しむならBさ

ん、重めの相談をしたいときはCさん、というふうに、気分に合わせて会える相手を何人か探しておくのです。

それぞれの役割を、すべてひとりの相手に負わせようとするから、相手が「重い」と感じてしまうのです。その負担をうまく分散させましょう。

「基本的にひとりでいるのが好きだけれど、たまには人と会いたい」という人は、同様のタイプの人を何人かキープしておけば、うまくいきます。

人間関係は、「あとがない」と思うから苦しくなるのです。「たとえこの人と関係が悪くなったとしても、代わりに会える人がいる」と思うことができれば、人づき合いはぐっとラクになります。

「いい加減」MEMO

「代わりの人がいる」と思うとラクになる

離れることで「とらわれ」から救われる

相手に気を遣いすぎることで、相手もこちらを余計に気にするようになる。こうした状態を、私が長く学んでいる精神療法、森田療法では「とらわれ」と呼び、親子関係や家族関係では、これがとくに起こりやすいと考えます。

互いに気を遣い合えば、どうしても息苦しくなります。親子のように近しい関係では、互いに距離をとることが難しいため、息苦しさはどんどんエスカレートしていきます。

とくに、親の介護という局面では、それが深刻になります。

介護する側は「自分がやらなければ」と思い、介護される側は「迷惑をかけたくない」と思う。そこで互いに頑張りすぎて、限界を迎えてしまう。

互いのことを思いやり、気遣い合っていたはずなのに、それがいつしか、互いに対する苛立ちや憎しみ、「相手のために自分はこんなに苦しい思いをさせられている」という怒りに変わってしまうことがあるのです。

そんな不幸な状態に陥りそうになったとき、救いとなるのが「離れる」ことです。

デイサービスやショートステイなど、介護サービスを利用して、1日のうちの数時間、あるいは月に数日間でも、互いに離れて過ごす時間を持つようにしてみてください。

それだけで、気持ちがだいぶ穏やかになり、相手に対する優しい気持ちがよみがえってくるのを実感できるはずです。

60代は、まさに親の介護中という人もいる一方で、自分が介護される側になることも身に迫ってくる年代です。

「離れる」ことで、自分も相手も救われることがある。そのことを、心に留めておいてほしいと思います。

「いい加減」MEMO

「離れる」ことで
気持ちも穏やかになる

keep your
distance

第4章

縁は切った分だけ足せばいい

人間関係は切った分だけ新たに足していけばいい

自分にとってストレスになる人間関係は、切るしかないと思います。

ある程度の年齢になると、互いに価値観を変えるのは難しくなるので、苦手だと感じる相手とのつき合いが、続けているうちに心地よいものになる可能性は、かなり低いでしょう。

気が合わない人、苦手だと思う人と、ずるずるつき合うくらいなら切るほうがいい。それがなかなかできないのは、人間関係を失うのが怖いからだと思います。

しかし、**切るつき合いがあるなら、一方で、新たにできるつき合いもあります。**

「若い頃と違って、この年齢になったら、新しい友達なんてできない」というのは思い込みです。

とはいえ、人と会う機会を増やさなければ、新しい関係はできません。習いごとを始めるとか、スポーツクラブに通うなど、新たなつき合いにつながる「打席」に立つ機会は増やしたほうがいいと思います。

人間関係は、切っていったら減るばかりだと思いがちですが、減った分だけ足していけばいいのです。

何もせずじっとしていれば、これから先、人間関係がどんどん減っていくのはたしかです。60代ではまだ実感することは少ないと思いますが、70代、80代になれば、周囲で世を去る人も増えていきます。それを思えば、いまのうちに動くことをためらわないほうがいいでしょう。

そこで「かくあるべし」に縛られる必要はありません。

子どもの頃、「あの子とは遊んではダメよ」などと、親の価値観でつき合う友達を制限された記憶がある人もいると思います。大人になってからも、限られた交友範囲の人としか関わりを持っていないという人は、少なくないのではないでしょうか。

歳をとってからは、あまり失うものはありません。世俗の価値観に縛られて、つき合う相手を選別する必要があるとは思えません。「自分は上流だから、上流の人としかつき合わない」などと取り澄ましていても、窮屈なだけという気もします。

これまでは自分と住む世界が違うと思い、交流を避けていたような相手とも、つき合ってみると、意外に気が合うということもあり得ます。ほかのつき合いでは感じたことのない、楽しさや安らぎを感じられるかもしれません。その相手とのつき合いをきっかけに、さらに新たな出会いが増えて、世界が広がる可能性もあります。

気が合わない相手と縁が切れるのは、しかたのないことです。
「去る者は追わず」の姿勢でいることに寂しさを感じるとしたら、それは去った分の「補充」がないからです。

ペットを亡くしたあとの「ペットロス」を埋める、何よりの方法は新しいペットを飼うことだとよく言われますが、これは一面で真理だと思います。

去って行く人がいたとしても、心を満たしてくれる「次の存在」があれば、寂しくなることはないのです。

「いい加減」MEMO

ストレスになる関係は切っていい

試してみないとわからない

歳をとると、人生経験が増える分、自分の「人を見る目」を過信したり、思い込みで人のことを決めつけたりする人が多くなります。

相手がいい人か悪い人か、自分と気が合うか合わないかは、実際につき合ってみなければわかりません。にもかかわらず、つき合う前からそれがわかっていると錯覚している人がよくいます。

試してみないとわからないことに対して、試す前から答えを出している。それは、脳の老化で前頭葉が萎縮《いしゅく》し、思考が硬直化しやすくなっていることの

現れでもあります。

「老後は友達がいないと不幸」などという言説にとらわれて、地域のサークルやボランティア活動に参加してみるものの、結局うまくなじめずストレスをためる、というパターンはよくあると思います。

人間関係は、無理をしてつくるものではありません。

脳トレでも運動でも何でもそうですが、自分自身の気が進まないものは続かないし、続けたとしてもストレスになります。すると、ストレスによって免疫機能が低下し、病気になるリスクが上がります。心身の健康を保つためにしているることが、かえって健康を害することにつながるとしたら、本末転倒です。

とはいえ、「どうせ友達はできないんだから、集まりに参加するのは時間の無駄」などと、はなから決めつける必要もないと思います。

ある程度の年齢になれば、たいていの人は時間に余裕があるはずです。歳をとったら「暇なことが取り柄」とさえ言えるでしょう。

「試しに人に会ってみる」「試しにサークルに参加してみる」といったことがしやすいのは、時間に余裕がある世代の特権のようなものです。高齢期になったら、「時間を無駄にする」ということは、あまり意識しなくていいと思います。

試してみても、そううまくいくものでないのは事実です。ハズレの結果になることが多いことを認識したうえで、実験だと思って試してみればいいのです。

実験は、失敗があることを前提に行うものです。必ず成功するなら、それは実験ではありません。

シニアの女性は、閉経後に男性ホルモンが増えることにより、以前より人づき合いなどに対してアクティブになる傾向があります。こうしたホルモンバランスの変化も利用して、積極的に「実験」にチャレンジしてみてもいいのではないでしょうか。

減らしたいのは、無駄な時間というより、自分にとってつらい時間、心地よくない時間です。

たとえば、久しぶりに学生時代の同級生と再会したら、相手の自慢話を聞かされるばかりで、苦痛な時間を過ごしたとします。

この場合、同級生と会ったこと自体は、時間の無駄ではありませんが、その時間が自分にとってつらいものであったのなら、それ以上、その時間を重ねることはしないほうがいいでしょう。

仮にその同級生が、他の人からの評判は悪くない人だったとしても、「何回か会えば、好きになれるかもしれない」などと考える必要はありません。

あくまでも自分自身にとって、その時間が心地よいかどうかだけを基準に判

断すればいいと思います。それなら、無理をして会い続けるより、次を試すほうがいいと思います。

「この人でなければいけない」「このサークルでなければいけない」などとは思い込まないようにしたいものです。

代わりはたくさん存在するのですから、ひとつ試してみてダメなら、ほかを試す時間ができたと思えばいいのです。

「いい加減」MEMO

ハズレであっても、次を試せばいい

「ダメもと」で自分から動く

「新たな人間関係ができたらいいな」と思いつつ、とくに何もせず「待ち」の姿勢でいる人も多いように思います。

待っていれば相手のほうから寄ってくる、などということは世の中そうそうありません。「この人と話してみたい」と思う相手がいるなら、自分から動いてみることをおすすめします。「ダメでもともと」のつもりで自分からアプローチして、いろいろな人と知り合うようにしてみるといいと思います。

新しく知り合った人といい関係ができるかどうかは、結局のところ「打数」

の問題だと思います。

１００人のうちひとりからしか好かれないような人でも、１００人と会えば、ひとりは親友ができます。一方で、ふたりにひとりからは好感を持たれるような人でも、ひとりにしか会わなければ、誰とも親しくなれない可能性があるわけです。

相当に「変わった人」と言われるような人でも、その人に合う人はどこかにいるものです。世間的に少数派の趣味を持つ人は、同じ趣味の人たちとの間に強い連帯感が生まれやすいように思います。

たとえばコスプレが好きな人が、70歳になってコスプレをしたら、周囲からは困惑の目で見られるかもしれませんが、同じコスプレ好きの人たちと出会えれば、その人たちからは「すごい」「かっこいい」と称賛されるかもしれません。

「嫌われてもいい」と思って、いろいろな人に声をかけたり、いろいろな人に会う機会を増やしたりすると、人間関係は豊かになります。

「ダメもと」というのは、いい言葉だと私は思っています。

「ダメもと」で声をかけてみる。「ダメもと」で会ってみる。「ダメもと」でつき合ってみる。ダメであっても次に行けばいいのです。

言い換えれば、次があると思えていなければ「ダメもと」でトライすることはできません。人間関係では、とかく「次」がないと思いがちですが、その思い込みで可能性を狭めてしまうのは、とてももったいないことです。

「いい加減」MEMO

ダメであっても次がある

親しくなりたい相手にはゆっくり近づく

新たに知り合った相手と、親しくなれそうだと感じたら、その先はどうしますか?

頻繁に連絡を取り合ったり、一緒に出かけたりして、一気に親密になりたい、という人もいると思います。

人間の心理として、顔を合わせる頻度が高い相手に対して親しみがわきやすい、という面があるのはたしかです。したがって、相手が迷惑だと感じない範囲で、頻繁に会うことが有効なケースもあると思います。

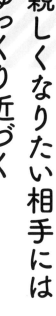

ただ、多くの場合、急速に距離を縮めようとするのは、得策とは言えません。

恋愛でもそうですが、相手と仲よくなりたいがために、最初のうちにあまりベタベタしすぎると、かえって相手に煩《わずら》わしいと思われてしまうリスクがあります。

そこで相手から避けられたり、適当にあしらわれたりするようになると、それまで相手に抱いていた好意や愛情が、いきなり憎悪に反転することもあります。結果的に、後味の悪い形で関係が終わる可能性が高くなります。

親しくなりたい相手とは、時間をかけてわかり合おうとすることが大切です。ゆっくり距離を詰めていくほうが、相手といい関係を長く続けられます。

人と人は、近づきすぎると、互いに不満が出やすいことは間違いありません。

近づきすぎなければ、相手に熱烈に好かれることもない代わりに、嫌われることもありません。

相手に嫌われたくないと思うなら、嫌われないよう遠慮しながら頻繁に会う、というのはあまり賢明ではないと思います。遠慮していると、自分自身の不満もたまりやすくなります。

会っているときはむやみに遠慮や気遣いはしない。その代わりに、会う頻度そのものを減らす。そのほうが、相手に嫌われるリスクは下がると思います。

「いい加減」MEMO

相手に会うときは遠慮や気遣いはしなくていい

相手のいいところを見つける

自分とは合わないと感じる人と、無理につき合う必要はありません。

しかし、誰に対しても不満ばかりで、「自分に合う人がいない」と感じているとしたら、いくら新たに人と出会っても、同じことかもしれません。

人には、美点もあれば欠点もあります。たとえば外見のよさなど、ひと目でわかる美点は目立ちますが、思いやり深いとか、発想力が豊かだとか、寛容であるといった美質《びしつ》は、その人をよく知るまでは見えてきません。

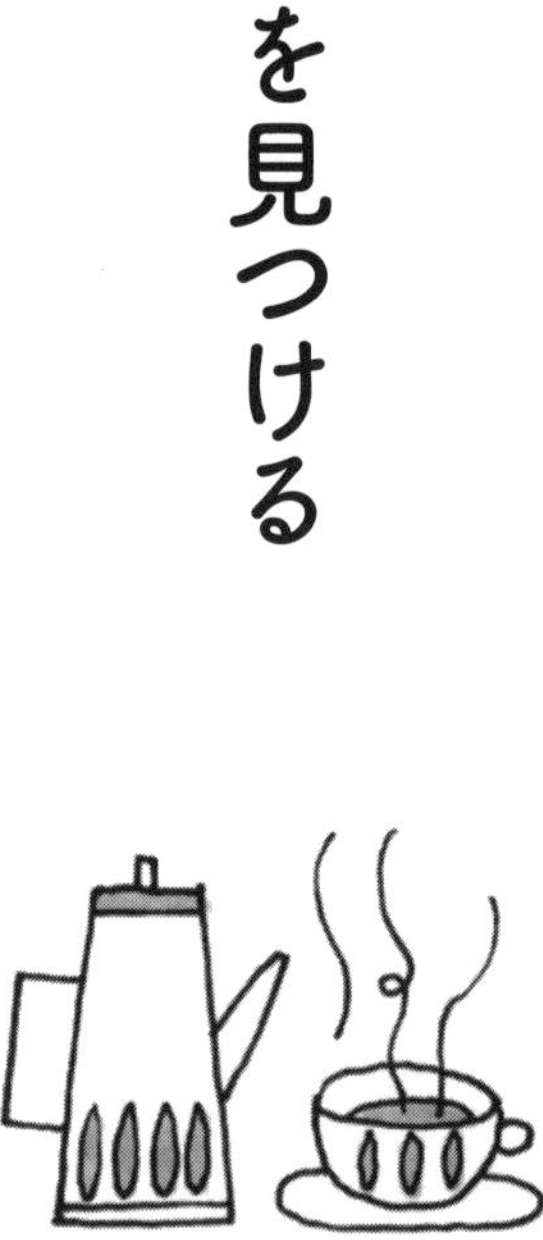

相手に不満を持ちやすい人は、往々にして、相手の欠点に目が向きやすく、そこが気になって、「自分とは合わない」とジャッジしてしまうのだと思います。その欠点とは、より正確に言えば、「自分にとっての」マイナスポイント、ということです。

マイナスポイントには、変えられるものと、変えられないものがあります。たとえば、相手の話し方が気になる、といったことは、つき合っているうちに変わっていく可能性もあります。しかし、食べ物の好みが合わないなどということは、まず変えられないでしょう。

そして、この年代ともなれば、もはや変えられないことがほとんどです。変えられるものについては、変える方向に働きかけをすることにも意味があります。

たとえば子育ての場面で、子どもがテストで悪い点を取ってきたとき、その点数自体は変えられないので、そこを叱ってもしかたありません。でも、その点数を取ってもなお勉強しないとしたら、その態度を変えるために叱ることはあっていいと思います。

とはいえ、**他人のマイナスポイントを変えるのは難しいことです。**それが変わることを期待したり、無理に変えようとしたりしても、徒労に終わるばかりか、かえって関係が悪くなるリスクがあります。

それよりも、**相手のプラスポイントに目を向けることを意識したほうがいいでしょう。**

その意識で相手と接していると、いままではわからなかった相手のいいところに気づいたり、もともと感じていた美点が、さらに輝いて見えたりします。

それによって、「自分とは合わない部分もあるけど、やっぱりこの人と一緒にいると楽しい」と感じるようになり、ほどよい距離で長くつき合っていく関係になるかもしれません。

さらに言えば、相手のプラスポイントを認めてほめることは、マイナスポイントを指摘して変えさせようとするよりも、よほど簡単です。こちらが評価することで、相手が喜び、プラスポイントにさらに磨きをかけて、人間的な魅力を高められるとしたら、それは双方にとって望ましいことです。

これから新たに出会う相手に対しても、相手のいいところをたくさん知ろうという姿勢で向き合ってみると、いい関係が築ける確率が上がるはずです。

「いい加減」MEMO

歳をとると欠点は変えられない

世界が広がれば苦手な人の存在は小さくなる

自分にとってストレスになる人間関係は切っていい。そうは言っても、関わりを絶つのは難しいケースもあります。

複数人で仲よくしているグループの中に、ひとり気が合わない人がいる。近所につき合いづらい人がいる。

距離をとりたくてもとれない、そんな相手のことをいつも気にして、イライラしたり、いやな気持ちになったりしている人もいるのではないでしょうか。

好きな人のことで頭がいっぱいになり、四六時中その人のことを考えるのは、幸せな気持ちになれるものですが、苦手な人のことばかり考えていれば、当然息苦しくなります。

苦手な相手の存在につねに神経をとがらせ、相手の動向を注視している。それによって、さらに相手に対する苦手意識が強くなります。

それがわかっていても、相手と関わりがある限り、相手の存在を頭の中から消すことはできません。

でも、小さくすることはできます。

定年退職後に家で過ごす時間が長くなり、妻との関係に息苦しさを感じていた男性が、週に数日、働きに出てみたところ、妻とのつき合いがラクになった、という話を聞きます。

仕事をするようになって、自分の世界が広がったことで、相対的に妻の存在が小さくなったということだと思います。

自分の中で、相手の存在が小さくなる。それは「どうでもよくなる」というより「いつも気にしなくて済むようになる」ということです。

相手と距離をとりたくてもとれないときは、自分の世界を広げて、相手との間に心理的な距離をつくればいいのです。

試しに、自分の周囲を見回してみてください。人間関係のグチをあまり言わない人は、アクティブに過ごしている人が多いことに気づくのではないでしょうか。

いつも忙しく飛び回っている人は、他人に対して悪い感情をあまり持ちません。それは性格的なものというより、特定の人に執着してあれこれと思い煩《わずら》う暇がないからです。

人と出会う機会を増やし、新たな人間関係をつくって、自分の世界を広げていけば、いま自分のストレスの種になっている相手の存在を小さくすることができます。

自分の世界が広がることで、相手のことがあまり気にならなくなると同時に、相手と関わる時間そのものも減っていくことになるでしょう。結果的に、自然に距離が遠のいていき、余計な摩擦《まさつ》を起こすことなく相手と離れることができるのです。

「いい加減」MEMO

アクティブになると
相手のことが気にならなくなる

いろいろな人を好きになる

仲よくしたいと思う相手に対して、ついベタベタして距離を詰めてしまいがちな人や、相手に執着してしまいがちな人におすすめしたいのが、「いろいろな人を好きになる」ことです。

「Aさんは、いつもおしゃれで生き生きとしているから、会うと刺激になる」
「Bさんは、話題が豊富で、話していると楽しい」
あらためてまわりを見渡してみると、そんなふうに、何人もの魅力ある人の

存在に気づくはずです。

積極的にいろいろな人と出会い、交流を持つようにすれば、好きだと思える人がさらに増えるでしょう。

好きだと思える人がまわりにたくさんいれば、特定の人に執着せずに済みます。

私自身も、人を好きになることは多いほうだと思っています。だからこそ、特定の人とベタベタとつき合うことにはなりません。

好きな相手に執着すると、必然的に相手からも好かれることを望みます。相手と話を合わせたり、気を遣ってあれこれサービスしたりして、相手に好かれようと必死になります。

いろいろな人を好きになり、ひとりの相手に執着しなくなると、そんな苦し

さからも解放されます。相手とほどよい距離がとれるので、結果的に相手にうっとうしがられたり、嫌われたりするリスクが減ります。

誰かの魅力に気づき、その人のことが好きだと感じる。その喜びをたくさん味わうことで、日常は彩り豊かになります。

特定の誰かに好かれるより、たくさんの人を好きになる。それが満足度の高い、幸せな生き方だと思います。

「いい加減」MEMO

多くの人と交流を持つと人生が豊かになる

第5章

最後まで自分の「いい加減」で生きよう

世間体を気にせず やりたいことをやっていい

いま60代くらいの人の多くは、これまでは何かにつけて、世間の目を気にしながら過ごしてきたのではないでしょうか。

しかし**人生の成熟期を迎えたいま、マインドリセットが必要だと思います。**

子育て中のママ友づき合いなど、狭い世間の中にいるときは、世間体の悪いことをすればそこでの居心地が悪くなるので、世間体を気にせざるを得ません。

しかし、歳をとればそこから解放されます。それなのに、若い頃の価値観をひきずったまま、世間体にとらわれ続ける意味はどこにあるのでしょうか。

極端な話かもしれませんが、たとえば万引きや無銭飲食を繰り返していたような人でも、そのことを知る人のいない場所に移り住めば、何ごともなかったように暮らしていくことができます。素行《そこう》について噂がたったとしても、道を歩いていて石を投げられるわけでもなければ、店でものを売ってもらえなくなるわけでもありません。

つまり、世間的に相当恥ずかしいことをしたとしても、それで実害を被ることはほぼないのです。

ましてや、悪事でも何でもないこと、たとえばシニアになってから派手な服を着たり、奇抜な色に髪を染めたり、自分より若い異性と仲よくなったりすることを「恥ずかしい」「世間体が悪い」などと考える必要があるとは思えません。自分自身が幸せと感じられるなら、それでいいのではないでしょうか。

また、そうしたことにお金を使うのも、何もやましいことではありません。お金は、使うために稼いでいるものです。「子どものためにお金を残さなければ」と考えて、節約する人も多いのですが、子どもに多額のお金を残しても、トラブルのもとになるだけだと思います。

いまは女性の平均寿命が87歳を超えていますから、自分が世を去る頃には、子どもは60歳を超えているというケースがほとんどではないかと思います。それほど高齢の子どもにお金を残す必要などまったくないと、私は思います。

自分が持っているお金は、犯罪的なことでない限り、何に使ってもかまわないはずです。若い異性に食事をごちそうしてあげたりすると、それに対してとやかく言う人もいるかもしれませんが、自分が楽しい時間を過ごすことができて、相手からも感謝されるとしたら、それのどこが悪いのだろうと思います。

男性は、仕事を引退してからも過去の肩書きにこだわるなど、歳をとっても世間的な評価にとらわれがちなのに対して、女性は「もうこんな歳なんだし、いまさら世間体を気にしてもしょうがないわ」と、開き直れる人が多いという印象があります。

思い切って実際に一度、「世間体を気にしない行動」をとってみると、「案ずるより産むが易し」を実感できるのではないかと思います。

たとえば、髪をすごく明るい色に染めてみたら、周囲に唖然《あぜん》とされるかと思いきや、「素敵」「若返った」とほめられるかもしれません。

どんなことも、やってみなければわかりません。せっかくさまざまなしがらみから自由になれる年代になったのですから、やりたいことをやってみなければもったいないと思います。

「いい加減」MEMO

人生の成熟期、「案ずるより産むが易し」

「そうなったらどうするか」を考えておけば不安は消える

後先を考えない人、計画性のない人は「いい加減な人」と言われます。

しかし、歳をとればとるほど、ものごとは計画通りにはいかなくなります。心身の衰えにともなって、今日できていることが、来月にはできなくなっているかもしれません。それどころか明日、脳梗塞で倒れて、体が動かなくなるかもしれないのです。

それを思えば、貯金もせず、お金をあるだけ使う「いい加減な人」であっても、本人がそれで幸せであればいいのではと思います。

貯金をはたいて世界一周旅行に行こうが、高級品を買おうが、それはその人の生き方であって、それで相応の楽しさや喜びが得られるのであれば、何の問題もないことです。

「将来が不安だから、貯金には手をつけられない」という声をよく聞きますが、「将来の不安に備える」というのは、貯金をすることではありません。

貯金が尽きた場合に、年金だけで生活するとしたら、月々に使えるお金はいくらで、どんなレベルの生活ができるのかを把握しておく。

自宅に住み続けながら、自宅を担保にお金を借りられるリバースモーゲージなど、生活費を確保するために利用できる仕組みや制度について調べておく。

いま住んでいる一戸建ての家を売却して、夫婦ふたりで暮らせるだけのコンパクトなマンションに住み替えたら、差額がいくら手元に残るのかを計算しておく。

このように、**不安が現実になった場合を想定して、そうなったときにどうすればいいか、具体的な対策を立てておくことが、「不安に備える」ということです。**

友達がいなくなることが不安なら、そうなったときにどう過ごすか、ひとりの時間の過ごし方を考えておく。あるいは、新しい友達をつくるための出会いの場は、どんなものがあるのかを知っておく。

時間に余裕があることを活かして、デジタルツールの使い方を学んでおけば、SNSでたくさんの見知らぬ人と交流したり、チャットで会話を楽しんだりできるかもしれません。

「こうなったらどうしよう」と、現実になるかわからないことに対して、やみくもに不安を感じながら過ごしていると、「不安だからお金は使わずに貯めておこう」といった発想になり、結局、自分の人生の可能性を狭めてしまいます。

「こうなったらどうしよう」から一歩進んで、「こうなったらどうするか」を考えておけば、不安にならずに済むのです。

「いい加減」MEMO

「将来の不安」には具体的な対策を

孤独とのつき合い方

「孤独になりたくない」という声がよく聞かれる一方で、孤独が好きな人もいます。

ひとりで映画を観たり、本を読んだりするのが好き。人と関わるのが煩わしくて、ひとりでいるのが一番ほっとする。そんな人は少なくないと感じます。

脳の老化予防という観点では、人と会って話すことは大事なのですが、孤独が好きな人が、無理にでも友達づき合いをしたほうがいいなどとは思いません。

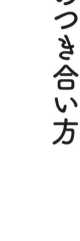

いわゆる「孤独死」はしたくない、と言う人も多いのですが、私は孤独死が悲惨なものだとはまったく思っていません。

ひとり暮らしで誰にも看取られず亡くなり、死後数日経って発見されるということは、死の直前まで元気だったと推測されます。

いまは要介護認定を受けた高齢者であれば、ほぼ例外なく何らかの福祉サービスにつながっていて、日常的に介護ヘルパーなどの訪問を受けます。したがって、病気で寝たきりの高齢者などは、孤独死したくてもできません。

そう考えれば孤独死は「ピンピンコロリ」、つまり直前まで比較的元気に生きて最期を迎える、理想的な死に方とも言えるのです。

ただ、**「自分は孤独が好きだから、絶対に人とは交わらない」**とか、反対に

「自分は友達がいないとダメだから、人と交流しなければいけない」などと、決めつけることはしないほうがいいと思います。

誰しも、ひとりが気楽だと思えるときもあれば、ふと人恋しくなることもあります。ずっとひとりでいる必要もなければ、つねに誰かとベタベタ一緒にいる必要もありません。**寂しいと感じたときに会える相手がいれば、それでいいのではないでしょうか。**

孤独が怖いと感じている人も、いずれ孤独になるときが来るかもしれません。それなら、いまのうちから、孤独な時間を楽しむことに、少しずつ慣れておいてもいいかもしれません。

1日の中に、誰ともつながっていない時間を、意識的につくってみてください。

ひとりで街を歩き、公園でぼんやりしたり、書店に入り浸ったりしてみる。夜の10時以降はひとりの時間と決めて、自室で好きな映画のＤＶＤや動画を観る。

そんなふうに、**ひとりの時間に親しむうちに、孤独に対する怖れが薄らいでくるはずです。**

「いい加減」MEMO

ひとりを楽しむ時間をつくる

孤独という自由が、相手を受け入れるゆとりをつくる

いまの人間関係で、「離れるのが不安」と感じる相手、もしくはグループは存在しますか？

その人、あるいはそのグループから離れたら、自分はひとりになってしまう。それが不安だから離れられないのだとしたら、少し考えてみてください。その人（たち）と一緒にいれば、不安がないかといえば、そんなこともないはずです。

相手が離れていってしまったらどうしよう。嫌われたらどうしよう。自分だ

け仲間はずれにされたらどうしよう。

結局、いつもそんな不安がつきまとっているのではないでしょうか。それはとても不自由で、窮屈な状態でもあると思います。

誰かとベタベタとくっついていると、そこに他人が入り込む余地はなくなります。

四六時中くっついているカップルのことを、他人は遠巻きに眺めて、誰もわざわざその間に割り込もうとはしません。それと同じで、誰かと濃密につき合っていると、ほかの人は入り込めないものを感じて、あえてこちらと関わり合いを持とうとはしてこないものです。

すると、おのずと人間関係は固定されてしまいます。新しい出会いもなく、自分の世界が広がることもありません。

離れるのが不安な相手から離れる。それは、とても勇気のいることです。それでも、離れれば、そこに必ず新鮮な空気が流れ込んできます。

ベッタリとくっついていたところから離れれば、必然的に隙間《すきま》が生じます。そこに、何かしらのものが流れ込みます。

それは必ずしもいいものばかりではなく、たとえば寂しさや不安といったものかもしれません。でもそれは、新鮮な寂しさであり、新鮮な不安であるはずです。

「ひとりになったらどうしよう」。いままでそんなふうに怖れていた、「ひとりになる」ことを、自分から選び、向き合ってみる。それによって、初めて感じられるものがあります。

ひとりの時間ができて、誰にも気兼ねせず、好きなことができる。特定の人に気を遣う必要もない。どんな人間関係も、自分の意志で選べる。そんな自由や解放感、ワクワクした気持ちを味わえるはずです。

「ひとりになったらどうしよう」という不安は、ひとりになれば消えます。ひとりになることでもたらされる、心と時間のゆとりが、新たな人との出会いを受け入れる素地になるのです。

「いい加減」MEMO

「ひとり」になることで解放感が味わえる

ワクワクすることで感情の老化を防ぐ

高齢になると、感情や思考を司る脳の前頭葉が萎縮することにより、「感情の老化」が進みます。

何かをしてみたいという意欲がわかない。何を見ても心が動かない。感情のコントロールが利かず、いったん怒ったり落ち込んだりすると、なかなかそこから気持ちを切り替えられない。そういった状態になりやすいのです。

当然、人間関係にも影響が出ます。やたらと怒りっぽくなり、友達や家族のささいな言葉や行動にカチンときて、その感情を相手にぶつけ、関係を悪くし

てしまうこともあるでしょう。いままでは楽しみだった旅行や観劇、レストランでの食事にも行く気がしなくなり、誘われても断っているうちに、気の合う友達とも疎遠になってしまう可能性があります。

感情の老化を防ぐには、前頭葉を活発に働かせることが大切です。

前頭葉は、決まり切ったルーティンをこなしているような状況では、あまり使われません。反対に、ハラハラ、ドキドキすることがあると、活発に働きます。

日常の中に、ワクワクする楽しみを積極的に取り入れてみましょう。

たとえば散歩でいつもと違う道に入ってみるなど、ちょっとしたことでもかまわないのですが、ひとりで完結することよりも、相手があることのほうが、前頭葉の好物である「結果がわからないドキドキ」を、より味わいやすいかもしれません。

しばらく会っていない友人に連絡を取って、久しぶりに会ってみるのもいいでしょう。会わないまでも、手紙やメールで近況報告をしてみると、相手からも思いがけない近況が聞けたりして、ワクワクする楽しい時間が生まれそうです。

人と出会う機会を増やし、新たな人間関係をつくることも、もちろん「ワクワク、ドキドキ」につながります。感情をみずみずしく保つことを意識することで、自分自身の生活も、楽しく充実したものになっていきます。

「いい加減」MEMO

久しぶりの友人に連絡してみよう

「つかず離れず婚」のすすめ

感情の老化を防ぐうえで、話し相手がいることは大切です。ただ、夫婦間の会話では、相手のレスポンスの予想がつくことが多いので、前頭葉の働きを活発化させることにはあまりつながらないかもしれません。

それ以前に、シニア世代では、夫婦の会話がほとんどなくなっている、というケースも少なくないと思います。

夫に自分の言いたいことをあまり言えない、言わないことが常態化している

としたら、言いたいことを言ってみたらどうなるか、試してみてもいいと思います。

「絶対に離婚してはいけない」という思いがあると、パートナーに言いたいことがあっても我慢してしまうと思います。でも、言いたいことも言えない関係を、この先20年、30年と続けることのほうが、離婚するよりもよほどつらいのではないでしょうか。

自分はこうしたいという意思表示でも、相手に対する不満の表明でも、何でもかまいません。**「何を言っても無駄」などと決めつけてしまわずに、相手に言いたいことを言ってみましょう。**

自分が思っている以上に、相手が真摯に耳を傾けてくれる可能性もあります。こちらが言いたいことを言ったのがきっかけで、大げんかになったとしても、そこで互いの本心をぶつけ合い、理解が深まるとすれば、結果的にはプラスです。

一方で、相手の反応しだいでは、夫婦の関係を見直すことになるかもしれません。

これ以上、夫婦としてやっていくのは難しいという結論に至り、離婚に向けて踏み出すというのもひとつの選択ですが、もうひとつ、離婚はせずに、ほどよい距離をとって暮らす「つかず離れず婚」という選択肢もあります。

簡単に言えば、夫と妻という関係を解き放ち、互いを同居人と考えて暮らすということです。


「食事は別々にする」「食事の準備や掃除、洗濯などの家事も、基本的に各自で行い、共用部分の掃除などは分担する」「泊まり以外の外出は無断でOK」など、互いの望む生活をルール化し、あとはそれぞれ自由に暮らします。こうすることで、相手と顔を合わせる機会が減ることに加えて、心理的な距離をとることができます。

歳をとってからの女性の幸せを考えるうえで、大きな問題となるもののひとつが、「定年後にベッタリとまとわりつく夫」の存在です。

夫と「つかず離れず」の距離をとることで、ストレスが軽減すると同時に、相手のいいところも再確認できるようになり、以前よりもいい関係になれる可能性があるのです。

「いい加減」MEMO

無駄と思わずに、言いたいことを言ってみる

いまがやりたいことをするタイミング

これからの人生で、いまが一番若い。それはたしかなことで、しかも年齢が上がるほど、その意味は大きくなります。

楽しみをあとにとっておくと、その頃には心身がすっかり衰えて何もできなくなっていたり、最悪の場合、命が尽きていたりするリスクがあります。

旅行に行きたい、おいしいものが食べたい、高価でも手に入れたいものがあるなど、やりたいことがあるのなら、多少無理をしてでも、いまやったほうがいいと思います。

人生、何が起きるかはわからないものです。宝くじが当たるようなことは、そう簡単には起きないにしても、これから没頭できる趣味が見つかるとか、親友と呼べる人ができる、あるいは素敵な恋人に出会える可能性は、十分にあります。

人生のピークは、この先にあるかもしれません。

私自身も、20代で最初の本を出して以来、物書きとしての自分のピークがいつ来るかはわからないと思いながら、毎年数十冊の本を上梓《じょうし》してきました。

そして、60歳を過ぎてから、2022年の年間ベストセラー1位となった『80歳の壁』(幻冬舎新書)をはじめ、多くの人に読まれる本を何冊も出す機会に恵まれました。でも、それで終わりではなく、これから先、もっとたくさんの人が読んでくれる本を書くことになるかもしれないと思っています。

人生の成熟期を迎えたみなさんが、自分にとっての「いい加減」でやりたいことを楽しみ、人間関係を心地よいものにして、豊かな「いま」を重ねていかれることを願っています。

「いい加減」MEMO

これからの人生、
何が起こるかはわからない

おわりに

本書に最後までおつき合いいただきありがとうございました。

少し人づき合いに対して肩ひじを張らずに済むようになってラクになったと思っていただけたなら、著者として幸甚この上ありません。

そうは言われても、そう簡単にいかないと思われた方もいるでしょう。

これも長く生きてこられて、とくにずっと人づき合いに気を遣ってこられた方なら急に変えることが難しいのもわかります。対人恐怖などが強い人のカウンセリングの場合、何年もかけて、少しずつラクになるなどということは珍しくないからです。

でも、65歳、あるいはそれ以上、であっても残りの人生は長いのです。

できそうなことから、ちょっとずつ試してみて、まだしんどいけど前よりはラクになったというのでも十分です。10年後には、人生もラクになったし、孤独がそんなに怖くなくなったということもあるはずです。

今回、あえて「いい加減」という言葉を使ったのは、ベタベタした関係と離れすぎた関係の間に「良い加減」の関係があるということを言いたかったわけですが、もうふたつ意味があります。

ひとつは「いい」加減というのは、みんなに共通した「いい」加減があるのではなく、自分にとっての「いい」加減があるということです。

ベタベタしたり、干渉し合うような濃い人間関係が好きで、そのほうが心地いいなら、私はそれを否定する気はありません。歳をとって、それに疲れてきたら、考えを変えればいいだけの話ですし、一生面倒見のよい下町のおっかさんみたいな生き方もあり得るでしょう。

逆に、孤独が好きとか、孤高の人のような生き方が好きな人もいるでしょう（そういう人はこの本を手に取らないと思いますが）。

もうひとつは、**この本への向き合い方も「いい加減」でよいということです。**

本が売れるようになってから、私が偉い先生だと勘違いしている人が増えたようで、私の言うことは何でも正しいとか、本に書かれたことはすべて実行しないといけないとか思う方がいらっしゃるようです。

私自身は、そんなことはまったく思っておりません。言いすぎのところ（言いすぎとか極論くらいにしないと通じないことがあるので、著書ではときどきやります）もあるでしょうし、人間の心には個人差がありますから、やってみてラクになる人もいれば、かえってつらくなるということもあり得ます（なるべくないように心がけていますが）。

本書で書かれた43個の項目は、ひとつひとつが試すためのヒントと思っています。

これなら私でもできそうと思ったものから、ひとつでもふたつでも試していただきたいのです。

私が長年生きてきて、とくに医師をやってきて、得た人生観に、「最初から答えのあるものはない。試してみないと答えは出ない」というものがあります。

やってみる前は、言いたいことを言ったら嫌われると思っていたのに、逆に、それで仲が急によくなったということもあれば、本当に口を聞いてもらえないほど嫌われてしまうこともあり得るのです。ある程度、予想のつく相手もいるでしょうが、多くの場合、やってみないと答えはわからないものです。

もちろん、悪い結果になることもあるけど、やってみないと状況が変わらないのもたしかです。

嫌われたら別の相手を探せばいいという感じで「いい加減」に試してみる。本書の通りでなくていいから、自己流で「いい加減」にやってみるというような「いい加減」さを身に付ければ、おそらくはいまより、いろいろな意味でラクになれると信じています。

本書の編集の労をとっていただいたPHP研究所の渡邉智子さんと堀江玲子さんにはこの場を借りて深謝いたします。

和田 秀樹

〈著者略歴〉
和田秀樹（わだ・ひでき）
1960年、大阪府生まれ。精神科医。東京大学医学部卒業。東京大学医学部附属病院精神神経科助手、米国カール・メニンガー精神医学校国際フェローなどを経て、現在、ルネクリニック東京院院長。高齢者専門の精神科医として、35年近くにわたり高齢者医療の現場に携わっている。
主な著書に、『80歳の壁』（幻冬舎新書）、『70歳が老化の分かれ道』（詩想社新書）、『老いの品格』『頭がいい人、悪い人の健康法』（以上、PHP新書）などがある。

装幀　小口翔平+阿部早紀子（tobufune）
カバー撮影　三浦憲治
編集協力　堀江玲子
イラスト　山村真代
校正　株式会社ぷれす

65歳からのひとりを楽しむ「いい加減」おつき合い

2023年8月31日　第1版第1刷発行

著者　和田秀樹
発行者　村上雅基
発行所　株式会社ＰＨＰ研究所
京都本部　〒601-8411　京都市南区西九条北ノ内町11
暮らしデザイン出版部　☎075-681-8732（編集）
暮らしデザイン普及部　☎075-681-8554（販売）
東京本部　〒135-8137　江東区豊洲5-6-52
普及部　☎03-3520-9630（販売）

PHP INTERFACE　https://www.php.co.jp/

組版　朝日メディアインターナショナル株式会社
印刷所
製本所　図書印刷株式会社

ISBN978-4-569-85542-4